This book is the **ULTIMATE**, one stop shop if you're about to plan a party.

Whether you're a regular party planner or need a bit of hand-holding to get the event off the ground, this book will see you through.

These step by step blank templates will help you **GET** started and **STAY** organised. They include:

Party ideas and theme
Venue planning
Arranging entertainment
-band
-DJ
-DIY music
Catered food
Home cooked food
Guest lists
Cake planning
Decoration shopping list templates
Party bag checklist
Keep track of delegated jobs

PLUS plenty of helpful tips and reminders as well as space for further to-do lists and a notes section.

Use this to take the stress away so you can

ENJOY THE PARTY!!!

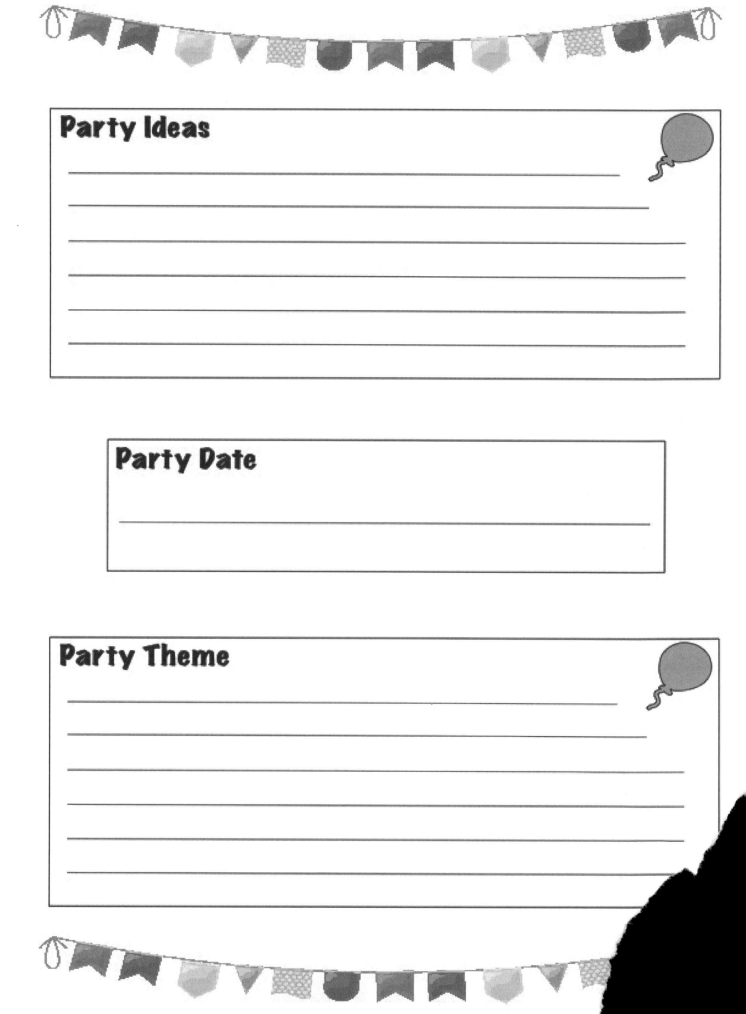

Party Ideas

Party Date

Party Theme

Still to do

- [ ] _____
- [ ] _____
- [ ] _____
- [ ] _____
- [ ] _____
- [ ] _____
- [ ] _____
- [ ] _____
- [ ] _____
- [ ] _____
- [ ] _____

Venue planning

Venue name	Cost	Venue number	Avaliable?	Booked
			☐	☐
			☐	☐
			☐	☐
			☐	☐

Venue chosen	Deposit	Deposit paid	Balance paid
		☐	☐

Time allowed in to set up:

Still to do

- [ ] _____
- [ ] _____
- [ ] _____
- [ ] _____
- [ ] _____
- [ ] _____
- [ ] _____
- [ ] _____
- [ ] _____
- [ ] _____
- [ ] _____

Venue planning

Extras needed (if the venue doesn't supply)

Crockery

☐
☐
☐
☐
☐
☐
☐
☐
☐
☐
☐
☐
☐
☐
☐
☐
☐
☐
☐

Don't forget!

Table for gifts and cards ☐

Table for cake ☐

Table for guest book ☐

Cloakroom for coats ☐

Still to do

- [ ]
- [ ]
- [ ]
- [ ]
- [ ]
- [ ]
- [ ]
- [ ]
- [ ]
- [ ]
- [ ]

Entertainment

Band name	Cost	Contact number	Avaliable?	Booked
			☐	☐
			☐	☐
			☐	☐
			☐	☐

Band chosen	Deposit	Deposit paid	Balance paid
		☐	☐

Time needed to set up:

Still to do

- [ ] _____
- [ ] _____
- [ ] _____
- [ ] _____
- [ ] _____
- [ ] _____
- [ ] _____
- [ ] _____
- [ ] _____
- [ ] _____
- [ ] _____

Entertainment

DJ name	Cost	Contact number	Avaliable?	Booked
			☐	☐
			☐	☐
			☐	☐
			☐	☐

DJ chosen	Deposit	Deposit paid	Balance paid
		☐	☐

Time needed to set up:

Still to do

- [ ] _____
- [ ] _____
- [ ] _____
- [ ] _____
- [ ] _____
- [ ] _____
- [ ] _____
- [ ] _____
- [ ] _____
- [ ] _____
- [ ] _____
- [ ] _____

Entertainment

Games	Prizes

Still to do

- [ ] _____
- [ ] _____
- [ ] _____
- [ ] _____
- [ ] _____
- [ ] _____
- [ ] _____
- [ ] _____
- [ ] _____
- [ ] _____
- [ ] _____
- [ ] _____

Entertainment

Music playlists

Don't forget!

Check the sound system for playing music ☐

Arrange who is going to be in charge of the music and at what times ☐

Completed? ☐

Still to do

- [ ] _____
- [ ] _____
- [ ] _____
- [ ] _____
- [ ] _____
- [ ] _____
- [ ] _____
- [ ] _____
- [ ] _____
- [ ] _____
- [ ] _____

Food

Caterer name	Cost per head	Caterer number	Avaliable?	Booked
			☐	☐
			☐	☐
			☐	☐
			☐	☐

Caterer chosen	Deposit	Deposit paid	Balance paid
		☐	☐

Time allowed in to set up:

Still to do

- [ ] _____
- [ ] _____
- [ ] _____
- [ ] _____
- [ ] _____
- [ ] _____
- [ ] _____
- [ ] _____
- [ ] _____
- [ ] _____
- [ ] _____

Food

Home cookin'

Dishes/snacks	Who is bringing/cooking?

Food

Home cookin'

Dishes/snacks	Who is bringing/cooking?

Still to do

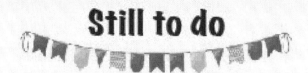

- [ ] _____
- [ ] _____
- [ ] _____
- [ ] _____
- [ ] _____
- [ ] _____
- [ ] _____
- [ ] _____
- [ ] _____
- [ ] _____
- [ ] _____
- [ ] _____

Food

Shopping list

-
-
-
-
-
-
-
-
-
-
-
-

Shopping list

-
-
-
-
-
-
-
-
-
-
-
-

Still to do

- ☐ _____
- ☐ _____
- ☐ _____
- ☐ _____
- ☐ _____
- ☐ _____
- ☐ _____
- ☐ _____
- ☐ _____
- ☐ _____
- ☐ _____

Guests

Don't forget!

Buy invitations ☑

Check maximum numbers for venue ☐

Look into hotels nearby (if people are travelling) ☐

Consider plus 1's and children (be clear on invite) ☐

Still to do

- [ ] _____
- [ ] _____
- [ ] _____
- [ ] _____
- [ ] _____
- [ ] _____
- [ ] _____
- [ ] _____
- [ ] _____
- [ ] _____
- [ ] _____

Guests

Guest list

Guest name	Plus how many?	Invite sent	Accepted	Declined	No reply
Ben + Stef					
Dad					
Jo + Peter					
Martin					
Emily + Connor					

Total confirmed so far

Guests

Guest list

Guest name	Plus how many?	Invite sent	Accepted	Declined	No reply
	☐	☐	☐	☐	☐
	☐	☐	☐	☐	☐
	☐	☐	☐	☐	☐
	☐	☐	☐	☐	☐
	☐	☐	☐	☐	☐
	☐	☐	☐	☐	☐
	☐	☐	☐	☐	☐
	☐	☐	☐	☐	☐
	☐	☐	☐	☐	☐
	☐	☐	☐	☐	☐
	☐	☐	☐	☐	☐
	☐	☐	☐	☐	☐
	☐	☐	☐	☐	☐

Total confirmed so far

Guests

Guest list

Guest name	Plus how many?	Invite sent	Accepted	Declined	No reply

Total confirmed so far

Guests

Guest list

Guest name	Plus how many?	Invite sent	Accepted	Declined	No reply

Total confirmed so far

Guests

Guest list

Guest name	Plus how many?	Invite sent	Accepted	Declined	No reply
	☐	☐	☐	☐	☐
	☐	☐	☐	☐	☐
	☐	☐	☐	☐	☐
	☐	☐	☐	☐	☐
	☐	☐	☐	☐	☐
	☐	☐	☐	☐	☐
	☐	☐	☐	☐	☐
	☐	☐	☐	☐	☐
	☐	☐	☐	☐	☐
	☐	☐	☐	☐	☐
	☐	☐	☐	☐	☐
	☐	☐	☐	☐	☐
	☐	☐	☐	☐	☐

Total confirmed so far

Still to do

- [ ] _____
- [ ] _____
- [ ] _____
- [ ] _____
- [ ] _____
- [ ] _____
- [ ] _____
- [ ] _____
- [ ] _____
- [ ] _____
- [ ] _____
- [ ] _____

Cake

Cake maker name	Contact number	Cost	Paid	Date of pick up
			☐	

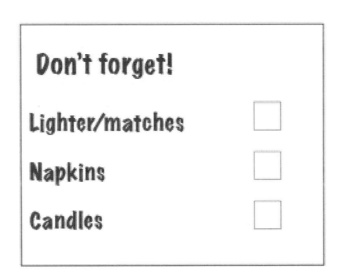

Don't forget!

Lighter/matches ☐

Napkins ☐

Candles ☐

Still to do

- [ ] _____
- [ ] _____
- [ ] _____
- [ ] _____
- [ ] _____
- [ ] _____
- [ ] _____
- [ ] _____
- [ ] _____
- [ ] _____
- [ ] _____
- [ ] _____

Decorations

Decoration shopping list

	☐
	☐
	☐
	☐
	☐
	☐
	☐
	☐
	☐
	☐
	☐
	☐

Still to do

- [ ] _____
- [ ] _____
- [ ] _____
- [ ] _____
- [ ] _____
- [ ] _____
- [ ] _____
- [ ] _____
- [ ] _____
- [ ] _____
- [ ] _____

Party bags

Content

How many needed?

Completed

Still to do

- [ ] ....
- [ ] ....
- [ ] ....
- [ ] ....
- [ ] ....
- [ ] ....
- [ ] ....
- [ ] ....
- [ ] ....
- [ ] ....
- [ ] ....
- [ ] ....

Delegated jobs

Job	Name	Done
		☐
		☐
		☐
		☐
		☐
		☐
		☐
		☐
		☐
		☐
		☐
		☐

Delegated jobs

Job	Name	Done
		☐
		☐
		☐
		☐
		☐
		☐
		☐
		☐
		☐
		☐
		☐
		☐

Still to do

- [ ] _____
- [ ] _____
- [ ] _____
- [ ] _____
- [ ] _____
- [ ] _____
- [ ] _____
- [ ] _____
- [ ] _____
- [ ] _____
- [ ] _____
- [ ] _____

Still to do

- [ ] _____
- [ ] _____
- [ ] _____
- [ ] _____
- [ ] _____
- [ ] _____
- [ ] _____
- [ ] _____
- [ ] _____
- [ ] _____
- [ ] _____

Still to do

- ☐ _____
- ☐ _____
- ☐ _____
- ☐ _____
- ☐ _____
- ☐ _____
- ☐ _____
- ☐ _____
- ☐ _____
- ☐ _____
- ☐ _____
- ☐ _____

Still to do

- [ ] _____
- [ ] _____
- [ ] _____
- [ ] _____
- [ ] _____
- [ ] _____
- [ ] _____
- [ ] _____
- [ ] _____
- [ ] _____
- [ ] _____

Still to do

- [ ] _____
- [ ] _____
- [ ] _____
- [ ] _____
- [ ] _____
- [ ] _____
- [ ] _____
- [ ] _____
- [ ] _____
- [ ] _____
- [ ] _____
- [ ] _____

Still to do

- ☐ _____
- ☐ _____
- ☐ _____
- ☐ _____
- ☐ _____
- ☐ _____
- ☐ _____
- ☐ _____
- ☐ _____
- ☐ _____
- ☐ _____
- ☐ _____

Still to do

- [ ] _____
- [ ] _____
- [ ] _____
- [ ] _____
- [ ] _____
- [ ] _____
- [ ] _____
- [ ] _____
- [ ] _____
- [ ] _____
- [ ] _____
- [ ] _____

Still to do

- [ ] _____
- [ ] _____
- [ ] _____
- [ ] _____
- [ ] _____
- [ ] _____
- [ ] _____
- [ ] _____
- [ ] _____
- [ ] _____
- [ ] _____
- [ ] _____

Notes

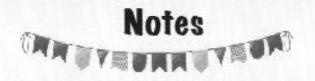

Notes

Notes

Notes

Notes

Notes

Notes

Notes

Notes

Notes

Notes

Notes

Notes

Notes

Printed in Great Britain
by Amazon